NOTICE NÉCROLOGIQUE

SUR

M. LE COMTE DE CLERCY

PAR

M. L'ABBÉ LECOMTE

Professeur de morale à la Faculté de Théologie de Rouen.

DIEPPE

IMPRIMERIE PAUL LEPRÊTRE ET Ce

133, Grande-Rue, 133,

—

1875.

M. LE COMTE DE CLERCY.

NOTICE NÉCROLOGIQUE

SUR

M. LE COMTE DE CLERCY

PAR

M. L'ABBÉ LECOMTE

Professeur de morale à la Faculté de Théologie de Rouen.

DIEPPE

IMPRIMERIE PAUL LEPRÊTRE ET Cⁱᵉ

133, Grande-Rue, 133.

—

1875.

M. LE COMTE DE CLERCY

Une belle et noble existence vient de s'éteindre dans l'arrondissement de Dieppe ; M. le comte de Clercy a terminé le 7 février dernier, en son château de Derchigny, sa longue carrière pleine de mérites devant Dieu et d'honorabilité devant les hommes.

M. Eugène de Clercy, né au manoir du Fresney, près Doudeville, en 1788, d'une famille de gentilshommes cauchois originaire de CLERCY, commune de Bornambusc, comptait parmi ses ancêtres de vaillants et preux chevaliers, qui avaient suivi nos rois aux Croisades et versé leur sang à Crécy, à Azincourt, à Dourlens, etc., pour la défense de leur pays.

L'amour de la religion s'était toujours allié dans cette famille avec l'amour de la patrie, les traditions chrétiennes y étaient demeurées en honneur et Mgr de Larochefoucauld, archevêque de Rouen, avait rendu hommage au talent et à la piété de M. l'abbé de Clercy en le nommant vicaire-général du diocèse et archidiacre du Vexin Normand (1).

C'était le grand oncle de M. Eugène de Clercy qui n'eut d'ailleurs dans la maison paternelle, malgré les mauvais jours de la Révolution, que de saintes leçons et des exemples de vertu.

L'enfant croissait en âge et en sagesse dans la paix du foyer domestique, sous l'œil de parents chrétiens et vigilants, à l'abri des scandales et des scènes tumultueuses de la rue.

Dans les longues soirées d'hiver, on lui apprenait à prier Dieu pour la France et pour le Roi devant le grand crucifix d'ébène aux trois fleurs de lis d'or, et son plus vieux souvenir de jeune âge, celui qui demeura depuis le plus profondément gravé dans sa mémoire, fut la consternation profonde, le deuil de sa famille et les larmes qu'il vit couler de tous les yeux à la nouvelle de la mort de Louis XVI, le meilleur et le plus infortuné des princes.

(1) M. Jean-Baptiste-Fidèle-Amand de Clercy, archidiacre du Vexin Normand, mourut à Paris le 7 septembre 1783.

Après les crimes et les saturnales de la Révolution, il plut à Dieu de jeter un regard de commisération sur la France et de lui rendre la paix.

Le jeune de Clercy continua alors ses études commencées dans la famille, sous la direction de M. l'abbé Vincent, depuis curé de la Sainte-Trinité de Fécamp et chanoine de la Métropole; il passa ensuite à l'institution Lepitre (1), puis il entra à l'école centrale de Rouen, où il fit des progrès qui lui méritèrent plusieurs distinctions honorifiques.

M. de Clercy devint et resta bon humaniste; il cultiva toujours les lettres et les enseigna même avec profit, et celui qui lui rend aujourd'hui un hommage dicté par la reconnaissance et le devoir s'honore singulièrement de l'avoir eu comme premier maître.

Ce fut en 1810 que M. de Clercy parut pour la première fois à Derchigny ; son

(1) On cite de M. Lepitre un trait admirable de dévouement qui mérite de passer à la postérité. Ce fut lui qui, sous l'habit de garde municipal, remit, le 20 janvier 1793, au péril de sa vie, la dernière lettre de l'infortunée reine Marie-Antoinette à Louis XVI, en s'inclinant devant la royale victime, et en prononçant à voix basse et à la dérobée pour se faire reconnaître ces vers de Virgile :

Non ego cum Danaïs trojanam exscendere gentem
Aulide juravi...

savoir-vivre, ses manières distinguées, sa parfaite éducation, l'aménité de son caractère et la bonté de son cœur lui attirèrent de suite la sympathique affection des habitants du château et l'estime de tous. Quelques mois après, il sollicitait et obtenait l'honneur d'épouser Mlle Clémentine de Caumont, fille de M. le comte Auguste de Caumont, lieutenant-général des armées du Roi, ancien gouverneur de Dieppe (1), et de Mathurine de Clieu, comtesse de Caumont, noble et charitable dame qui a laissé une mémoire révérée de toute la contrée, où les œuvres de sa bienfaisance subsistent et louent la générosité de son âme : *Laudabunt in portis opera ejus* (2).

(1) M. le comte de Caumont, originaire de Sainte-Marguerite, près Aumale, avait servi dans l'armée de Condé ; il suivit les princes dans l'émigration, où il s'attacha plus particulièrement au service du duc de Berry; il ne rentra en France qu'à la suite du roi Louis XVIII, après la chute de l'Empire. M. de Caumont, décédé à Paris, à l'âge de quatre-vingt-seize ans, a été inhumé à Derchigny, le 9 mars 1839.

(2) Mme la comtesse de Caumont, née à la Martinique, et décédée à Derchigny, le 27 février 1845, à l'âge de quatre-vingt-neuf ans, était fille de M. Gabriel de Clieu, lieutenant de vaisseau en 1755, et petite-fille du célèbre capitaine Mathieu de Clieu, le premier importateur du caféyer aux Antilles

Ce mariage, qui était dans les vœux des deux familles, contracté sous les plus favorables auspices, fut célébré dans l'église de Derchigny, le 24 juillet 1810. Dieu le bénit et il le sanctifia dans les épreuves; cinquante ans plus tard, devant le même autel, j'appelais de nouveau les faveurs célestes sur les mêmes époux, suivant une pieuse coutume; mais que de vides autour de ce père, de cette mère jadis si heureux, dans les rangs de ces enfants qui déjà pour le plus grand nombre avaient été trouvés mûrs pour le ciel ! Depuis encore, la mort impitoyable continua avec une rigueur nouvelle son œuvre de séparation et, au moment où nous nous flattions de célébrer dans le saint temple un soixantième anniversaire, l'aîné de la famille, M. Humbert de Clercy, si distingué par la noblesse de ses sentiments et les qualités de son cœur, succombait en quelques heures aux atteintes d'une maladie violente, à l'âge de cinquante ans.

françaises en 1723. En elle s'est éteint le nom de Clieu, famille originaire de Dieppe, déjà recommandable pour ses services au temps de Charles VI, dont elle reçut des lettres de noblesse. — MM. de Clieu avaient leur lieu de sépulture dans l'église Saint-Jacques de Dieppe; Mme de Caumont repose au milieu de ses enfants et petits-enfants dans l'ancien cimetière de Derchigny.

Ainsi s'en étaient allées, à leur jour, vers une patrie meilleure, sous le regard consterné du père et de la mère et d'un époux inconsolable, Mme la vicomtesse de Chassepot (Noémie de Clercy) et Mme la baronne de Malartic (Augustine de Clercy), anges de vertu dont la terre n'était pas digne et pour qui leurs frères du Ciel s'étaient hâtés de préparer des palmes et de tresser des couronnes.

Admirable dans sa foi et sa résignation aux jours de l'épreuve et de l'adversité, M. de Clercy possédait, à un degré éminent, toutes les précieuses qualités d'un époux accompli et d'un bon père de famille.

Le château de Derchigny, moins fréquenté depuis la Révolution, devint, après 1810, un centre d'animation ; toute la noblesse s'y donnait rendez-vous. Les villageois et les fermiers avaient trouvé dans M. de Clercy un ami et un protecteur, les pauvres et les affligés un généreux bienfaiteur, qui savait découvrir et soulager toutes les misères, compâtir à toutes les infortunes, de concert avec sa vertueuse épouse, et l'on peut dire avec vérité que pendant plus d'un demi-siècle il fut l'âme et la providence du pays. Avec quel empressement il se mettait au service de tous, comme il se plaisait à servir la cause de ceux qui souffraient pour la justice, combien il aimait à venir en aide à tous les déshérités de ce monde.

Un soir d'hiver, en revenant de Dieppe, où il avait vidé sa bourse en aumônes, il se dépouilla par un froid glacial, de ses meilleurs vêtements pour les donner à un malheureux.

Nous avons surpris, dans cet ordre d'idées, quelques autres traits de sa vie qui l'honorent singulièrement et qui valent mieux, à notre avis, que tous les héroïsmes de la terre, parce qu'ils ont le privilége de mener à Dieu et de mériter la vie éternelle. *Beatus qui intelligit super egenum et pauperem, in die malâ liberabit cum Dominus.*

Après ses devoirs de chrétien, auxquels il se montra toujours fidèle, et son amour pour la Religion qu'il honora constamment dans ses actes et dans ses paroles, M. le comte de Clercy, fidèle aux impérissables souvenirs et aux traditions antiques de la monarchie, professait un vrai culte pour celui qu'il regardait comme le seul prince légitime et qu'il appelait « SON ROI. »

A diverses reprises et surtout en 1814 et en 1832, il donna à la dynastie des Bourbons des marques non équivoques de sa foi et de son dévoûment ; il ne voyait là que le bien de son pays ; la prison, la mort même ne l'épouvantaient pas, sa bravoure égalait celle de ses ancêtres; Honneur et Loyauté, c'était sa devise.

Dans les dernières années de la Restauration, M. le comte et Mme la comtesse de Clercy eurent l'honneur de recevoir plusieurs fois à Derchigny Son Altesse royale Mme la duchesse de Berry et sa fille Mademoiselle. Il y eût des fêtes magnifiques au château, de grands mâts pavoisés dans les avenues, des illuminations féeriques, des chasses brillantes, des dîners champêtres où tous les villageois étaient conviés ; les pauvres n'étaient pas oubliés, le passage de la bonne duchesse était signalé par des œuvres de bienfaisance ; elle aimait Derchigny et les hôtes qui l'accueillaient avec de si vives démonstrations de joie ; aussi, pour leur donner un témoignage public de son intérêt et de sa haute bienveillance, voulut-elle tenir sur les fonts du baptême de la chapelle des Tuileries, avec M. le duc de Bordeaux, le plus jeune enfant de la famille, M. Henri de Clercy.

La révolution de 1830 éclatait quelques jours après, et M. Henri n'a connu son royal parrain que dans l'exil ; il a survécu seul à ses frères et à ses sœurs ; il porte haut, avec sa digne compagne, les traditions de la famille et le nom de Clercy.

Il y eût d'autres réceptions princières à

Derchigny ; des personnages éminents, des exilés dignes de respect y trouvèrent une hospitalité large et facile. Nous y avons vu des cardinaux, des ministres d'Etat, des évêques, des généraux, des savants tels que M. de Blainville, etc.

M. de Clercy excellait à recevoir son monde : son affabilité, ses prévenances, son exquise politesse lui gagnaient tous les cœurs : on se sentait vite à l'aise avec lui. Le charme de sa conversation captivait l'attention de ses hôtes, il savait occuper leurs loisirs, leur ménager des surprises agréables, et jamais personne n'a quitté le château que pénétré de reconnaissance pour tant d'égards et une aussi franche cordialité.

Modèle des vertus domestiques dans la sphère de la famille et du bon citoyen en ce qui concerne les affaires publiques, M. de Clercy était resté le vrai type du vieux gentilhomme français ; il n'a jamais abdiqué un principe et sa grande âme n'a jamais fléchi devant les transactions de la conscience non plus que dans les épreuves des jours mauvais.

Et maintenant, homme de bien et de miséricorde, dormez votre sommeil de paix, à l'ombre des autels, dans le champ du repos que vous avez affecté à la sépulture de la famille, auprès de votre vertueuse épouse, au milieu de ces enfants qui semblaient devoir vous fermer les yeux et qui vous ont précédé dans la mort. Votre tombeau sera visité par vos petits-enfants et votre arrière descendance ; les pauvres y répandront leurs larmes et leurs prières ; il demeurera en honneur chez les dernières générations du village, et, au grand jour de la résurrection générale, nous en avons la douce et ferme espérance, au son de la trompette de l'ange, vous vous leverez avec les vôtres, brillant de gloire et d'immortalité, parce que vous avez été de la génération de ceux qui cherchent le Seigneur et qui demeurent toujours devant sa face. *Hæc est generatio quærentium eum, quærentium faciem Dei semper.*

IMPRIMERIE PAUL LEPRÊTRE ET Ce.

www.ingramcontent.com/pod-product-compliance
Lightning Source LLC
Chambersburg PA
CBHW060633050426
42451CB00012B/2571